MARCUS BROWN

VERDORBENES

Glück

novum ◢ pro

Dieses Buch ist auch als
e-book
erhältlich.

Bibliografische Information
der Deutschen Nationalbibliothek:

Die Deutsche Nationalbibliothek
verzeichnet diese Publikation in
der Deutschen Nationalbibliografie.
Detaillierte bibliografische Daten
sind im Internet über
http://www.d-nb.de abrufbar.

Gedruckt in der Europäischen Union
auf umweltfreundlichem, chlor- und
säurefrei gebleichtem Papier.

© 2025 novum publishing gmbh
Rathausgasse 73, A-7311 Neckenmarkt
office@novumverlag.com

ISBN 978-3-99146-939-1
Lektorat: Mag. Eva-Maria Peidelstein
Umschlagfoto:
Serban Enache I Dreamstime.com
Umschlaggestaltung, Layout & Satz:
novum Verlag

www.novumverlag.com

Druckprodukt mit finanziellem
Klimabeitrag
ClimatePartner.com/16547-2311-1001

Teil 1

Endlich ergattert! Nach mehreren von Unruhe sowie Unsicherheit geprägten Jahren in Deutschland fand Toby, ein dunkelhäutiger junger Mann, seine Traumwohnung:

Wohnzimmer, Schlafzimmer, Küche, sogar ein Badezimmer mit sowohl Badewanne als auch Dusche sowie ein WC, das man nicht mit anderen Mietern teilen musste. Wenn man seinen Hintergrund betrachtet, ist dies eine große Sache.

Vorher wohnte Toby im Dachgeschoss eines Hauses. Bei dieser Dachwohnung war das kleine Zimmer mit Dusche und WC im Flur für alle anderen Mieter zugänglich, aber nicht verfügbar. Bis Toby seine jetzige Wohnung mit eigenem Badezimmer mit Dusche, Bad und WC besichtigte. Allein das war Grund genug, die Wohnung anzunehmen!

Im Endeffekt ist die Wohnung ca. 40 Quadratmeter groß, mit einem schönen Blick auf die Landschaft. Da er ursprünglich aus der Großstadt London stammt, ist diese Wohnung mit sowohl Kühen als auch Schäfchen in Sichtweite für Toby so etwas wie ein Kulturschock. Trotzdem ist sie wunderschön. Von ihrer Verfügbarkeit erfuhr er über eine ehemalige Mitarbeiterin. Toby griff direkt zu. Alles wäre besser als die vorherige Dachwohnung, dachte er. Nach und nach richtete Toby die neue Wohnung mit neuen Möbelstücken ein und strich die Wände frisch.

Langsam wurde er sich der Position seiner Wohnung bewusst. Sie lag in einem Zentralpunkt, wo alle Nachbarn aus verschiedenen Richtungen hineinschauen konnten – und das auch regelmäßig taten. Allein in seiner Wohnung fühlte sich Toby deswegen oftmals wie ein Fisch im Goldfischglas, ständig beobachtet, wenn er hin- und herschwamm! Das war Grund genug, um schleunigst blickdichte Vorhänge überall in der Wohnung aufzuhängen.

Langsam wurde sich Toby auch darüber bewusst, was für eine Rolle er in der Nachbarschaft spielte.

Offensichtlich überwogen Ausländer, zudem war die Rassentrennung in diesem Gebiet ständig präsent. Auf einer Seite wohnten Deutsche, während auf der anderen Seite die Mieter aus anderen Ländern wie Kosovo, Kroatien, Türkei oder Italien lebten. Die Deutschen blieben unter sich, so wie die anderen Ausländer. Natürlich war Toby dort, um die Quote der Schwarzen zu vertreten, zwar etwas zynisch, aber vielleicht doch wahr.

Der Hausmeister, der alles überwachte, kam ursprünglich aus der Schweiz, verheiratet mit einer Deutschen. Tatsächlich, wie die Schweiz selbst, war er immer neutral und mischte sich nicht in Zankereien der Nachbarschaft ein. Er spielte aber gern die Rolle des *lachenden Dritten*, um für Recht und Ordnung zu sorgen.

Klare Linien entwickelten sich. Auf der einen Seite die Deutschen, auf der anderen die Ausländer. Dann kommt Toby, der Schwarze. Die Lage nervte ihn total, andauernd diese Rassentrennung sowie Gruppenzwang zu beobachten, aber auch mitzuerleben. Ursprünglich kam er aus London, einer multikulturellen Hauptstadt. Des Weiteren nervte es ihn, wie manche Leute innerhalb dieses Zustands der Rassentrennung freiwillig leben konnten. „Manche Leute sind weder integrationsfähig noch -willig", dachte Toby.

Mobbing

Auf Anhieb fühlte sich Toby ausgeschlossen, als ob er anders wäre. Bei einer lokalen Mieterversammlung, die einige Wochen nach seinem Einzug stattfand, schrie der Leitwolf ihn an: „Hau ab, hau ab!", mit der Begründung, Toby könne ein schönes Haus irgendwo anders finden. Bloß nicht hier. Interessant anzumerken ist, dass der Leitwolf keinen Gegenwind bekam. Als ob die Mehrheit ihm heimlich zustimmte, aber nicht wagte, es laut auszusprechen. Toby nahm alles auf die leichte Schulter. Aber leider hatte dieser Mieter großen Einfluss auf die Nachbarschaft. Sowohl er als auch seine Frau waren die Leitwölfe in der Gegend. Ihr Druck auf die anderen und die Einschüchterung der anderen waren anscheinend erheblich. Oft befand sich Toby im Mittelpunkt des Streits.

Tobys kurze Begegnungen mit dem Leitwolf

Diese konnte man an einer Hand abzählen. Zuerst während der schon erwähnten „Hau-ab-Attacke" bei der Nachbarschaftsversammlung. Von diesem Zeitpunkt an konnte Toby deutlich erkennen, wer das Sagen hatte. Ein paar Monate später traf Toby zufällig auf dem Hof auf die männlichen Leitfiguren der Nachbarschaft. Er ergriff die Initiative, um eine kleine Rede vor ihnen zu halten.

„Sicherlich gibt's eine Möglichkeit, wie wir Seite an Seite in Harmonie leben könnten, oder?" Auf Englisch; dies war seine Interpretation der berühmten Rede des schwarzen Amerikaners Rodney King: „Can't we all just get along". Die drei Beteiligten, einschließlich des Leitwolfs, akzeptierten es widerwillig.

Später im selben Jahr während der Einräumung eines neuen Sessels, erwischte Toby den Leitwolf bei einer Lästerei über ihn. Mir reicht's, dachte Toby und ging sofort zum Leitwolf. Toby fing an: „Also gut, was ist dein Problem? Offensichtlich hast du ein Problem damit, dass ich hier wohne."

Der Leitwolf machte einige Schritte zurück und fragte, ihm die Stirn bietend: „Was willst du von mir? Schlag mich doch. Du traust dich ja sowieso nicht!"

Offensichtlich wollte er Toby damit provozieren. Zudem roch er nach Alkohol. Toby antwortete nur: „Das hättest du wohl gern. Damit du sofort weinend zur Polizei rennen kannst."

Gleichzeitig machte Toby die Mimik eines weinenden Kindes mit gestreckten Fingern unter den Augen. Alle Beteiligten lachten kräftig darüber, außer dem Leitwolf, der es überhaupt nicht lustig fand.

„Niemand will, dass du hier wohnst. Warum haust du nicht einfach ab?", betonte der gekränkte Leitwolf.

Sofort reagierte Toby darauf: „Woher weißt du überhaupt, dass alle Leute hier so denken?"

„Ich weiß es einfach, keine Sorge", versicherte ihm der Leitwolf.

„Du weißt ja nur Bescheid, weil DU alle Leute gegen mich aufgehetzt hast, gib es zu", konterte Toby.

Damit hatte der Leitwolf nicht gerechnet, dass er ihn innerhalb einer Sekunde entlarven würde. Er trat zurück und holte sich eine Kippe.

Toby dachte letztendlich, dass sich eine weitere Diskussion nicht lohnte. Beim Weggehen schrie er laut: „Hör mal, ich weiß nicht, was für ein Problem du mit meinem Einzug hast, aber ich werde es herausfinden."

Seine Rede war absichtlich für alle Leute hörbar, um deutlich die dicke Luft zwischen ihm und dem Leitwolf zu zeigen. Zudem wollte Toby die anderen Nachbarn ahnen lassen, was in Wirklichkeit hier vorging. Innerlich vermutete er nämlich schon die rassistische Tendenz des Leitwolfs, äußerte sich aber lieber nicht dazu.

Genau das war der Punkt, an dem der Leitwolf aus der Öffentlichkeit zurücktrat. Er fühlte sich dermaßen von Toby erniedrigt und gedemütigt. Je länger Toby mit ihm redete, umso mehr fand er heraus, wie der Leitwolf in Wirklichkeit tickte. Schlimmer noch, wenn der Leitwolf besoffen wäre und nur Blödsinn plapperte. Der Leitwolf merkte Tobys Überlegenheit, und von diesem Zeitpunkt an zog er sich zurück.

Danach war nur mehr seine Frau am Hof zu sehen. Würde man Fachbegriffe aus dem Fußball verwenden, dann wäre sie als der *Ersatzmann* von der Bank gekommen, und ihr Mann wäre ‚ausgewechselt' worden. Seine Frau übernahm das Kommando, zeigte sich ständig in der Öffentlichkeit, schnüffelte herum und verbreitete Angst und Schrecken in der Nachbarschaft. Währenddessen lag der Leitwolf lieber hinter geschlossenen Türen wie ein Feigling, um weiterhin im Hintergrund Pläne zu schmieden sowie über Toby zu lästern und Gerüchte über ihn in die Welt zu setzen und Stimmung gegen ihn zu machen.

Erbärmlich!

Die lachenden Dritte

Sprichwörtlich heißt es: Wenn sich zwei streiten, freut sich der Dritte. So konnte man die Lage der Deutschen in diesem Gebiet erklären. Nirgends waren die in der Nachbarschaft nur gering vertretenen Deutschen während der zahlreichen Streitigkeiten zu sehen. Es schien so, als ob sie sich kollektiv dazu entschieden hätten, sich nicht direkt einzumischen, weder für die eine noch für die andere Seite Partei zu ergreifen, sondern einen Vorteil aus den Konsequenzen zu ziehen.

Sehr schlau!

Es entwickelte sich zu einem lächerlichen Muster. Immer im Mittelpunkt des Geschehens stand Toby, der Schwarze, der ständig Zoff mit einem oder mehreren ausländischen Streithähnen hatte. Deutlich existierten immer Probleme in der Nachbarschaft. Alles brodelte. Tobys Anwesenheit brachte anscheinend das Fass zum Überlaufen. Die ganze Zeit schauten der Hausmeister und seine Frau gegenüber nur zu, wie ihre Nachbarn wegen der Ankunft eines Schwarzen wirklich tickten. Allmählich fielen einige Masken. Die Menschen ändern sich nie, sondern die Masken fallen weg. Eine Maske kann man nicht für immer tragen. Wenn man den Menschen genügend Freiraum sowie Zeit gibt, dann fallen die Masken von allein.

Rückzug

Letztendlich entschied Toby, sich zurückzuziehen, um Streit zu vermeiden. Natürlich wollten die Leitwölfe ihn weiterhin provozieren, um ihren Status in der Nachbarschaft aufrechtzuerhalten sowie letztendlich als Helden vor den Augen der ‚Schäfchen‘ dazustehen. Die Leitwölfe wollten ständig andere gegen Toby manipulieren. Aber Toby roch den Braten und zog sich zurück und genoss lieber allein und ruhig seine schicke Wohnung. Am eigenen Leib musste er erfahren, dass eine schicke Wohnung zu besitzen seinen Preis hat: Neid und Missgunst waren unendlich vorhanden. Ständig gaukelten die Leitwölfe den Schäfchen vor, allein Toby wäre der Unruhestifter und dass alles besser wäre ohne den bösen Schwarzen. Eigentlich gab's keinen Beweis, dass ohne ihn alles wie Friede, Freude, Eierkuchen ablaufen würde. Dafür gab's keine Garantie.

Die Beherrschung seiner Lage

Toby stellte sich vor, im Sommer gemütlich auf dem Hof auf einem Tisch vor seinem Fenster zu sitzen. Von seinem Fenster blickte er auf eine schöne kleine Fläche.

Aber in Wirklichkeit stellte sich heraus, dass dieses Stück Land sehr beliebt und die Nachfrage innerhalb der gesamten Nachbarschaft sehr hoch war. Alle wollten dorthin. Deutlich ein Hotspot. Im Lauf des Jahres konnte Toby die Entwicklung der Herrschaft über dieses kleine Stück Land beobachten:

Zuerst spielten die Jungs Fußball darauf. Sehr laut und ungemütlich für alle daneben lebenden Mitbewohner, einschließlich Toby. Einmal, als der Ball höher und höher sprang und schließlich Tobys Fenster knallhart traf, war dies das kleine Tröpfchen, das das Fass zum Überlaufen brachte. Toby schob sein Fenster sofort auf.

„Vielleicht habe ich mich vorher nicht deutlich genug ausgedrückt", sagte er sarkastisch, „hört auf, vor meinem Fenster Fußball zu spielen!"

Alle Kinder auf dem Hof waren plötzlich still und wie versteinert. Schnell probierte Toby mit den Kindern zu verhandeln: „Schaut mal, da drüben. Keine Fenster in Sicht. Warum spielt ihr nicht da drüben?"

Alle schauten in die Richtung der daneben liegenden riesigen zwei bis drei Hektar großen, grünen Landschaft.

„Aber alles ist schräg!", rief einer der Jungs.

„Na ja", erwiderte Toby, „das Leben ist schräg und manchmal unfair, aber du musst damit klarkommen."

Langsam zogen einige Eltern ihre Kinder weg von diesem Fleck. Andere schrien einfach zu ihren Kindern hinunter. Danach spielten die Kinder vor Tobys Fenster nicht mehr.

Job erledigt, dachte Toby. Jetzt gibt's einen neuen Sheriff im Dorf.

Jedoch aufgrund dieses und anderer vorheriger Ereignisse brodelte es innerhalb der Nachbarschaft enorm gegen ihn. Er wusste innerlich, die werden ständig versuchen, ihm die Hölle heiß zu machen. Er wusste damals aber nicht, wie.

Tobys Theorie: Wenn man zehn Nachbarn befragt, was sie an ihm stört, werden vielleicht zehn verschiedene Antworten herauskommen: „Mir ist er zu...", „Ja, aber mir ist er zu..." usw. Toby dachte anschließend, er könne nicht alle Leute gleichzeitig zufriedenstellen. Von da an entschied er sich, nichts an sich zu ändern und so zu bleiben, wie er war.

Die Wege der Leitwölfin

Die einheimischen Deutschen, die in der Minderheit waren, hatten ihre eigenen Köpfe und ließen sich nicht von den dort lebenden ausländischen Leitwölfen manipulieren. Ständig konnte Toby beobachten, wie die Leitwölfe die anderen hellhäutigen Ausländer in ihren Händen hatten. Zudem versuchten sie kontinuierlich, die Sachen unter ihre Kontrolle bringen. Um diese Vermutung zu testen, bat Toby einmal eine hellhäutige alleinerziehende junge Nachbarin um Hilfe, einige Möbelstücke an die Straßenecke zu tragen, damit sie später als Sperrmüll von der lokalen Behörde abtransportiert werden könnten. Unterbewusst wollte Toby aber auch ins Gespräch mit der hübschen Dame kommen, die vorher unzertrennlich mit der Leitwölfin unterwegs gewesen war. Es schien so, als ob sie aus der Entfernung alles beobachtete und wartete, bis alle Möbelstücke wegtransportiert worden waren. Plötzlich tauchte sie aus heiterem Himmel auf und führte – dabei lächelnd – ein Gespräch mit der jungen Dame über Tobys Stärke. Ein total unnötiger Auftritt, wie er dachte.

Ein anderes Mal hörte er aus der Entfernung zufällig den Führer der deutschen Gruppe ein Gespräch mit einer hellhäutigen ausländischen Nachbarin führen. Wie Toby wusste, arbeiteten die beiden zusammen bei derselben Firma in der Nähe: sie als Putzfrau und er als Angestellter. Auf dem Hof führten sie im Vorbeigehen ein harmloses Gespräch, wahrscheinlich über die momentanen Zustände in der Firma. Der Deutsche ging endlich in seine Wohnung, die übrigens direkt über der von Toby lag.

Von draußen hörte Toby, wie die stets im Freien sitzende Leitwölfin sich auf ihre subtile Art und Weise einmischte: „Und? Worüber habt ihr zwei miteinander überhaupt zu reden?" Kurz und knapp kam die Antwort geschossen. „Geschäftlich!" erwiderte die Putzfrau, ohne zu viele Einzelheiten preisgeben zu wollen.

„Ach so!", antwortete die Leitwölfin mit einem kleinen Grinsen. Es war wirklich eine Kunst, wie sie immer ihre Nase in die Angelegenheiten anderer Leute steckte. Diesmal wollte sie direkt herausfinden, warum eines ihrer Schäfchen aus der Reihe tanzte. Die Antwort der Putzfrau, kurz und knapp ausgeführt, war wie eine kleine Rebellion gegen die Leitwölfin. Toby, der alles aus der Entfernung mitanhörte, lächelte innerlich.

Oftmals, wenn man hier in der Gegend zuhause das Fenster aufmachte, konnte man deutlich die Leitwölfin lautstark im Gespräch mit einer Nachbarin hören, die meistens mit leiser Stimme entgegenhielt. Die Leitwölfin war schlau, kreiste um Leute herum, um wahrscheinlich nebenbei deren Schwachpunkte entdecken und später zu ihrem Vorteil zu nutzen. Zudem saß sie meistens beim Eingang zum Nachbarschaftsviertel vorne, um ihre Nase stets in die Angelegenheiten der vorbeigehenden Nachbarn hineinzustecken und ihrem oben in der Wohnung sitzenden Mann durch Mobilfunk Bericht zu erstatten.

Störfaktor

Zusammengefasst hatten die Leitwölfe freie Hand, wenn es darum ging, die anderen Hellhäutigen – die Deutschen ausgenommen – sowohl zu kontrollieren als auch zu manipulieren. Sicherlich stellte Tobys Ankunft eine kontinuierliche Bedrohung dar, die unbedingt beseitigt werden musste. Als Schwarzer gehörte er weder zu der einen noch zu der anderen Seite. Er war eine Art ‚Freiwild' in der Nachbarschaft. Offensichtlich betrachteten ihn die Leitwölfe als Störfaktor. Hinter seinem Rücken wurde ständig über ihn getuschelt. Außerdem wurden Lügen und wilde Spekulationen verbreitet. Der direkte Weg, um Toby raus aus der Nachbarschaft zu kriegen, funktionierte nicht. Es hatte keine Wirkung auf ihn, ständig „Hau ab!" zu hören.

Später stellte sich heraus, dass die Leitwölfe es auf eine andere Art und Weise probierten, Toby aus der Nachbarschaft zu schaffen. Zunächst versuchten sie es mit seiner Ausgrenzung sowie seiner Isolierung.

Tobys Verflossenen

Obwohl Toby diese schicke Wohnung ergatterte, fand er es erheblich schwieriger, eine Frau zu finden, die bereit war, alle versteckten Hindernisse (nämlich seine Nachbarn) mit ihm zusammen zu überwinden. Alle seine Verflossenen warfen letztendlich das Handtuch wegen des Neids, der Missgunst oder der Einschüchterungstaktiken in dieser Nachbarschaft. Jedes Mal, wenn Toby eine potentielle Anwärterin nach Hause abschleppte, waren sie mit dem komischen Verhalten von manchen Nachbarn konfrontiert. Einmal machte die Leitwölfin sich über die Fahrkünste einer seiner Frauen beim Einparken lustig. Die Meistversprechende von allen fuhr ein schickes Auto, wurde am Parkplatz vom Leitwolf und seinen Mitläufer feindselig sowie neidisch empfangen. Es kam fast zu einer Prügelei zwischen dem Leitwolf und Toby, nur weil die Dame ihr schickes Auto auf dem Bewohnerparkplatz abstellen wollte! Man konnte definitiv Neid und Missgunst auf dem Gesicht des Leitwolfes ablesen. Alles in allem hinterließ die eskalierende Situation eine trübe Erinnerung bei dieser Frau.

„Ich bin nur eine zärtliche, kleine alte Dame", sagte sie zum Abschluss. Kurz und gut, Toby sah sie nie wieder, sie wurde vom Einschüchterungsversuch des Leitwolfs verjagt.

Rückblickend waren stets entweder die Leitwölfe oder ihre Anhänger irgendwie beteiligt, um für Unruhe zu sorgen, wenn Toby eine potenzielle Frau nach Hause mitnahm.

Offensichtlich versuchten sie, ihm immer ein Bein zu stellen, um Tobys Glück ständig zu vermasseln. Zudem standen tatsächlich immer entweder der Leitwolf oder seine Frau im Mittelpunkt des Geschehens des orchestrierten Dramas gegenüber Toby. Die beiden betrachteten Toby als Dorn im Auge.

Gaslighting

Toby fühlte sich sowieso von einem großen Teil der Nachbarschaft ausgegrenzt, als ob etwas mit ihm nicht stimmte. Es kam ihm vor, als ob manche Leute ihn absichtlich mieden oder unbegründet feindselig mit ihm sprachen. So fing das Gaslighting an. Dahinter steckten viele Methoden. Wenn die Wörter, die man sagt, nicht zu den Handlungen passen, bedeutet das im Endeffekt Manipulation. Und wenn man die Verantwortung dafür ablehnt, nennt man das ‚Gaslighting'.

Nicht nur wollten die hellhäutigen Nachbarn Toby ausgrenzen, sondern sie wollten ihn auch von der Außenwelt isolieren. Kollektiv versuchten die hellhäutigen ausländischen Nachbarn, ihn dazu bringen, seine eigene Vorstellung von der Realität in Frage zu stellen, und ihn vielleicht auch noch in den Wahnsinn treiben. Sie wollten, dass er viel Zeit mit sich allein verbrachte, damit er sich schließlich fragte, ob das Problem nicht tatsächlich bei ihm lag. Die Leitwölfe waren der Meinung, dass Tobys Ausgrenzung völlig in Ordnung war, aber das war es definitiv nicht! Es ist äußerst gefährlich, von Neid erfüllte Leute um sich herum zu haben, denn während man sie lediglich entweder als Freunde, Familie oder Nachbarn betrachten, sehen sie einen wiederum als Konkurrenz.

Neuankömmlinge

Einige Jahre nach Tobys Einzug kam ein neues Ehepaar in die Nachbarschaft. Es waren Rentner aus Serbien, hellhäutig, und sichtlich passten sie viel besser in die Nachbarschaft als der schwarze Toby. Die Ehefrau war korpulent, genauso wie die Leitwölfin. Vom Aussehen her hätten sie Schwestern sein können. Das neue Ehepaar wurde in der Nachbarschaft herzlich begrüßt, erstaunlich übertriebener als bei Tobys Einzug damals. Offensichtlich war dieses ältliche Paar – nach der schlechten Vorgeschichte mit Toby – ein willkommener frischer Wind. Zunächst pflegte Toby selbst eine gute Beziehung zu den beiden.

Als sich jedoch herausstellte, dass die Verbindung der Neuen mit den Leitwölfen zu stark war, entschied Toby sich lieber dazu, sich von den beiden zu distanzieren. Nach dem Motto „Der Freund meines Feindes ist auch mein Feind" zog Toby eine klare Linie. Danach nahm das Schicksal seinen Lauf, denn nach und nach fielen auch bei dem neuen Ehepaar die Masken.

Die Ehefrau aus Serbien bandelte schnell mit der Leitwölfin an. Das niedrige Selbstwertgefühl bei dieser serbischen Frau war ein Merkmal, das von der Leitwölfin schnell entdeckt wurde. Diese Frau war für die Leitwölfin eine leichte Beute, die sie unter ihre Fittiche brachte und der sie das Gefühl der Zugehörigkeit gab. Angesichts des starken Einflusses der Leitwölfin in der Nachbarschaft wurde die Freundschaft der serbischen Frau zu ihr sicherlich herzlich von ihrem manipulierenden Ehemann unterstützt. Damit würde sich seine Frau mehr entfalten und aus sich herausgehen.

Tatsächlich passten sich die beiden Ehefrauen so gut zusammen wie Pech und Schwefel. Bald waren die beiden Ehepaare unzertrennlich.

Allerdings häuften sich sarkastische, schnodderige Bemerkungen von dem neuen Ehrmann aus Serbien gegenüber Toby. Später, im Lauf eines harmlosen Gesprächs mit ihm über Müllentsorgung, nützte der Alte die Gelegenheit, um Toby seine Meinung zu sagen. Vermutlich hatte er schon immer vorgehabt, sich das alles von der Seele zu reden, fand aber nie den passenden Zeitpunkt dafür. Jetzt schon. Er fing an, eine verbale Attacke auf Toby zu schleudern. „Deswegen mag dich niemand. Du weißt schon, dass niemand hier dich mag!"

Interessant anzumerken ist, dass der Serbe genau diesen Zeitpunkt in aller Öffentlichkeit wählte, um diese Äußerungen von sich zu geben. Der alte Mann zeigte keinen Respekt gegenüber Toby, als er solche Äußerungen machte. Es wurde klar ersichtlich, dass er im Auftrag eines großen Teils der hellhäutigen ausländischen Nachbarn sprach, um Toby zu erniedrigen und zu demütigen. Damit trieb er es eindeutig zu weit.

Zeitgleich fragte sich Toby, wie er ihn dazu bringen könnte, endlich die Klappe zu halten. Es war klar, dass der alte Ehemann mit seiner Lautstärke genügend Aufmerksamkeit auf sich ziehen wollte. Vielleicht hoffte er auch darauf, dass andere Nachbarn zu seiner Unterstützung und Rettung eilen würden (mit so einer Taktik war Toby schon vertraut, da der Leitwolf sich während des früheren öffentlichen Streits ähnlich verhalten hatte). Sicherlich wollte er gerade bei einigen Nachbarn punkten. Vielleicht war dies aber auch der vom Leitwolf angestrebte neue Weg, um Toby mit einer vereinigten Front zu erniedrigen und attackieren. Der Serbe schrie Toby weiter an mit bodenlosen, persönlichen Vorwürfen. Seine Worte erinnerten Toby urplötzlich an all die banalen unlösbaren Zankereien, die er in der Nachbarschaft bis dahin erlebt hatte. Alles war nur ein perfider

Plan, um Toby ausgrenzen, und peu à peu seine Wahrnehmung der Realität zu zerstören.

Bei jedem Gespräch wurden seine Worte anscheinend methodisch gegen ihn verwendet. Er hatte plötzlich eine Rückblende im Kopf. Er erinnerte sich daran, wie er einmal an der serbischen Ehefrau vorbeiging und sie mit einem „Guten Morgen" begrüßte. Darauf kam die Antwort: „Nee, es ist kein guter Morgen." Ein anderes Mal fragte Toby sie ruhig: „Kennst du zufällig einen Witz? Etwas, worüber ich lachen kann?" Anschließend kam die Antwort: „Nein, es gibt hier nichts zu lachen."

Damals dachte Toby nicht so viel über solche Äußerungen nach, aber im Nachhinein, kam Toby zu dem Schluss, steckte dahinter viel Methode, um ihn allmählich auszugrenzen. Noch dazu wurden alle von Tobys Besuchern entweder komisch, feindselig oder argwöhnisch von den anderen Nachbarn begrüßt. Alles wirkte auf Toby plötzlich wie ein Schlag ins Gesicht. Ein Aufwachen.

Toby war ein sanftmütiger, hilfsbereiter sowie verständnisvoller junger Kerl, aber aufgrund dieser Offenbarung des alten Mannes aus Serbien verlor er kurz die Fassung. Toby fand sich gerade sowieso mit einer hitzigen Situation konfrontiert. Die letzten Worte des alten Mannes waren der kleine Tropfen, der das Fass zum Überlaufen brachte.

Toby ging direkt auf ihn los, um ihm ordentlich eins auf die Nase zu verpassen. Einige deutsche Nachbarn gingen dazwischen, um die Lage zu beruhigen. Zum Glück eigentlich, ansonsten wäre es bestimmt eskaliert. Toby war dermaßen wütend. Der Streit wurde direkt auf einem einsehbaren Platz auf dem Hof ausgetragen. Sicherlich schaute die gesamte Nachbarschaft hinter geschlossenen Fenstern zu. Zum Glück beruhigte sich Toby nach einigen Minuten wieder.

Das Schlimmste daran war, dass er innerlich schon von der Abneigung der Mehrheit der überwiegend ausländischen, hellhäutigen Nachbarn gegen ihn wusste. Nach den Äußerungen des alten Ehemannes wussten alle Bescheid, dass auch Toby darüber Bescheid wusste! Allein schon um des lieben Friedens in der Nachbarschaft willen hätte der alte Mann lieber die Klappe halten sollen. Er ließ sozusagen die Katze aus dem Sack.

Alles in allem war es ein absolut unnötiges Gespräch. Was als eine harmlose Konversation über Müllentfernung begonnen hatte, eskalierte schlagartig zu einem Alle-gegen-Toby-Theater. Bis dahin hatte Toby den Serben als Freund betrachtet. Ein Freund hätte jedoch mit ihm unter vier Augen in aller Ruhe darüber gesprochen und nicht gewartet, bis er in aller Öffentlichkeit auf ihn wütend gewesen wäre.

Diese Situation brachte Toby komplett aus der Fassung.

Der alte Mann lenkte absichtlich das Gespräch in eine andere Richtung, um sich selbst einen Vorteil zu verschaffen. Er wusste, dass die anderen Nachbarn den Streit verfolgten (deswegen seine Lautstärke). Hätte er nicht die volle Unterstützung der Mehrheit der Nachbarschaft gehabt, hätte er nie solche Äußerungen gewagt. Er nützte die Lage zu seinem Vorteil, und Toby lieferte ihm unabsichtlich die Bühne dafür.

Nach dieser Auseinandersetzung dachte Toby innerlich schmunzelnd, manchmal muss man einen Baum kräftig schütteln. Erstaunlich, was da alles herunterfällt! Schmerzlich musste er erleben, dass das Leben sich nicht ändert, sondern die Menschen. Er musste akzeptieren, dass nicht alle die waren, die sie vorher zu sein behauptet hatten. Nichts war ganz so, wie es schien.

Danach herrschte eine ungewöhnliche Stille in der Nachbarschaft. Eiszeit. Zudem sprach niemand mit Toby, um dessen Standpunkt in dem öffentliche Streit zu erfahren.

Alle hatten einfach Partei gegen ihn ergriffen. Ebenfalls erwähnenswert (und erwartet!): Direkt nach dem Streit ging die Leitwölfin zur Wohnung des alten Ehrmannes, um vermutlich als Vertreterin der Nachbarschaft einzig und allein seinen Standpunkt anzuhören. Dabei spielte der Alte seine Opferrolle sicherlich vom Feinsten. Darin war er gut.

Zunächst schmiedete die Leitwölfin einen Plan, um alles noch schlimmer für Toby zu machen. Bestimmt hatte entweder sie oder ihr Mann den ursprünglichen Streit angestiftet. Schließlich übten die Leitwölfe erheblichen Einfluss auf die übrigen

Nachbarn aus. Alles in allem versuchten sie, Toby noch mehr Ärger zu machen.

Fakt ist: Wenn sich die Mehrheit der Leute nur auf eine Seite eines Streits stellt, ohne den Standpunkt der Gegenseite zu hören, dann suchen diese Leute die ganze Zeit irgendwelche Gründe, um jemanden nicht zu mögen. Vielleicht hatte Toby diesem Nachbarn nie gefallen, und er wartete nur auf einen berechtigten Grund, gegen ihn mobilzumachen wie in diesem Fall.

Danach herrschte selbstverständlich eine noch kältere Stimmung gegenüber Toby, der weiterhin ausgegrenzt oder absichtlich gemieden wurde. Eine Mauer des Schweigens.

Nichts Neues, dachte er. Sowohl die Türen als auch die Fenster zogen sich zeitgleich zu, wenn Toby auftrat.

Lächerlich zu beobachten, wie alle diese schwachen Leute unter einer Decke steckten. Keiner besaß das Rückgrat, sich gegen die Leitwölfe zu stellen und sich seine eigene Meinung über das Geschehen zu bilden. Erbärmlich! Irgendwie taten sie ihm leid.

Erstaunlich auch, zu welchen Maßnahmen die Leitwölfe greifen würden, um Toby endlich loszuwerden.

Wendepunkte

Die hellhäutigen ausländischen Rassisten waren immer schlau genug, ihre Absichten geheim oder hinter ihrer in der Öffentlichkeit benutzten Fremdsprache versteckt zu halten. Der neutrale Schweizer Hausmeister, der alles von seinem gegenüberliegenden Balkon beobachtete, hatte überhaupt keine Ahnung von der rassistischen Tendenz dieser Nachbarn. Das änderte sich urplötzlich, als er hörte, wie ein äußerst beleidigender Spruch unabsichtlich aus dem Mund eines unschuldigen Kindes Toby im Dorf traf. Offensichtlich ahmte es entweder seine Eltern oder etwas innerhalb seines Umfelds nach. Diese kleine Bemerkung brachte danach alles ins Rollen. Bald waren mehrere Nachbarn als Rassisten entlarvt. Zunächst war der Hausmeister auf seinem Balkon zunehmend in Begleitung verschiedener, kräftig gebauter deutscher Besucher zu sehen.

Sicherlich, dachte Toby, postierten sie sich dort als Aufstand gegen das einheimische Mobbing und den Rassismus ihm gegenüber.

Zunächst förderte der Hausmeister eigenhändig die Verlagerung der gesamten hellhäutigen ausländischen Nachbarschaft. Von diesem Zeitpunkt an waren sie und ihre Kinder in einem anderen kleinen Abschnitt auf dem Hof zum Spielen und Herumlümmeln eingegrenzt, und zwar weit weg von Tobys Fenster. Des Weiteren eroberten die Deutschen ihre Vorherrschaft über die Nachbarschaft zurück. Es folgten ein vereinigter Aufstand gegen Rassismus sowie eine komische Stille. Die Nachbarschaft war gerade dabei, eine Wandlung zu durchzumachen. Zudem war es für Toby eine Freude, all das zu beobachten.

Sicherlich trug dieses Ereignis dazu bei, dass die Rassentrennung noch schlimmer wurde. Nebenbei fragte sich Toby immer, wie eigentlich das Verhältnis zwischen den deutschen und den hellhäutigen ausländischen Nachbarn aussah. Bisher hatten die Gruppen einander gemieden. Deswegen war es immer schwer zu beurteilen. Jedoch eine kurze Zeit später geschah etwas Merkwürdiges: Direkt vor Tobys Fenster hörte er, wie der Leitwolf der Deutschen „Halt's Maul!" in Richtung der hellhäutigen ausländischen Nachbarn schrie. Offensichtlich hatte einer dort eine Bemerkung gemacht, die leider nicht vom Leitwolf der deutschen Seite unbemerkt blieb. Toby hatte keine Ahnung, worum es ging. Hier ist interessant zu erwähnen, dass der Anführer der Deutschen tagsüber in der Öffentlichkeit normalerweise nicht viel sagte, aber wenn doch, dann hatte es meistens Hand und Fuß! Dieser momentane Ausruf des Deutschen zeigte deutlich, dass sich das Blatt in der Nachbarschaft langsam wendete. Es schien so, als ob Toby unabsichtlich einen Mitstreiter gefunden hatte. Jemanden, der sich dieselbe Meinung wie er über die hellhäutigen ausländischen Nachbarn bildete. Sehr interessant, dachte Toby, mal schauen, wie sich alles entwickelt. Plötzlich sah es so aus, als ob die hellhäutigen ausländischen Nachbarn ihr Monopol in der Nachbarschaft blitzschnell verlieren würden.

Akzeptanz der Rassentrennung

Langsam stellte Toby fest, dass in seiner Nachbarschaft ein ungeschriebenes Gesetz der Rassentrennung herrschte, geführt und ständig ermutigt von einigen einheimischen Leitwölfen. Die Leitwölfe vereinigte, auf subtile Art, dieser Zustand. Falls irgendwas oder irgendjemand in die Nachbarschaft hineinkam und diese Rassentrennung störte oder stören könnte, wäre dies für die Leitwölfe alarmierend oder ein Störfaktor gewesen. Es folgte entweder die Unterbindung oder die Erniedrigung des Störfaktors. So betrachtet, sah Tobys Einzug anders aus. Allein sein Einzug wäre von den Leitwölfen als Störfaktor betrachtet worden.

Toby erinnerte sich plötzlich an die Zeit zurück, als er an der Universität in London Deutsch studiert hatte. Seine ehemalige deutsche Lehrerin von damals erklärte: „Man muss nicht nur die deutsche Sprache akzeptieren, sondern auch die Kultur." Vielleicht wollte sie dies damit durch die Blume vermitteln. Letztendlich kam Toby zu dem Schluss, dass er sich nicht ärgern sollte, wenn er Dinge nicht ändern könnte. Und warum sollte er sich über Leute ärgern, die nicht geändert werden konnten oder geändert werden wollten?

So war das Leben in diesem Ort. Es schien so, als ob die überwiegend ausländischen Mitbewohner versuchten, ein kleines selbst-regulierendes Stück von ihrer Heimat in Deutschland zu kreieren, zeitgleich jedoch vom Rest Deutschlands abgeschnitten. Zudem sprach die Gruppe untereinander ihre eigene Muttersprache.

Ärgerlich sowie unhöflich, wenn jemand wie Toby zufällig in der Nähe war, der diese Sprache nicht verstand. Wäre man nach einem langen Schlaf plötzlich erwacht und hätte das gehört, hätte man sich gefragt, ob man in Deutschland wäre!

Gern hätte Toby die Möglichkeit besessen, selbst in die Rolle des lachenden Dritten zu schlüpfen. Derjenige, der den Streit schlichtet. Jedoch Seite an Seite lebend mit einem Haufen hellhäutiger ausländischer Rassisten, die von Neid und Missgunst getrieben waren, wäre das unmöglich. Er befand sich stets mitten in den Streitigkeiten. Vielleicht sind manche Leute weder integrationsfähig noch integrationswillig. Hinzu kam, dass Toby für die Leitwölfe immer ein Dorn im Auge war. Die Nachbarschaft wurde ständig durch das toxische Benehmen der beiden, vor allem gegen Toby, manipuliert. Fakt ist, man sollte nie unterschätzen, in welche Extreme von Neid erfüllte Leute wie die Leitwölfe verfallen würden, um jemanden wie Toby zu vernichten.

Interessant anzumerken ist hier: Die Leitwölfe wickelten ausschließlich die hellhäutigen ausländischen Nachbarn um die Finger. Die einheimischen Deutschen hingegen hatten ihre eigenen Köpfe und konnten nicht so einfach beeinflusst werden.

Vielleicht lag das Problem bei Toby. Vielleicht hatte er zu viel von seinen Nachbarn erwartet. Vielleicht waren seine Maßstäbe zu hoch. Es ist wohlbekannt, dass Enttäuschung meistens ein Produkt von zu hohen Erwartungen ist. Vielleicht hätte er seine Erwartungen manchen Leuten gegenüber erheblich runterschrauben müssen?

Anscheinend hatte Toby nur eine Sache falsch gemacht, und zwar seine Entscheidung, in diese neue Wohnung zu ziehen. Zwar war die Wohnung einwandfrei, trotzdem hatte sie ihren Preis. Jetzt befand sich Toby in einer Zwickmühle: Er war zu müde, um noch einmal umzuziehen, aber wollte sich gleichzeitig nur ungern an die Einsamkeit und die Ausgrenzung gewöhnen.

Trotz allem glaubte er fest daran, dass sich alles ändern würde. Positiv betrachtet verstärkte das seinen Überlebenswillen. Falls er umziehen würde, hätten die Rassisten gewonnen. Noch dazu war seine im Flur gegenüber lebende deutsche Nachbarin, von der Toby ursprünglich von der Verfügbarkeit der Wohnung erfahren hatte, stets an seiner Seite wie ein Fels in der Brandung. Übrigens war sie es, die damals Ärger in der Luft roch und aus ihrer Wohnung eilte, um den Streit zwischen Toby und dem alten Mann zu schlichten. Er wollte diese Nachbarin ungern allein in dem Chaos und dem Drama zurücklassen. Zuletzt fasste Toby den Entschluss, in der Wohnung zu bleiben. Danach schaute er täglich weiterhin einfach aus dem Fenster zu den Schäfchen auf der Weide mit dem Gedanken: Und, wie viele Schäfchen gibt's noch?

So könnte man abschließend alles als Kindergarten betrachten. Eine gehörige Portion gegenseitigen Respekts und Toleranz täten dieser Nachbarschaft gut.

Teil 2

Langsam kapierte Toby, dass er es in seiner Nachbarschaft mit einem Haufen von Narzissten zu tun hatte. Kurz und gut, Narzissmus ist das unendliche Streben nach Status.

Toby fand heraus, dass es vier verschiedene Kategorien von Narzissten gibt:

- Grandiose: Sie sind meistens pompös, egoistisch und auch arrogant. Sie haben immer das Verlangen, sich in den Mittelpunkt des Geschehens zu setzen und alle Aufmerksamkeit auf sich zu ziehen. Sie sind stets auf der Suche nach Validierung und hören meistens niemandem zu. Zudem gibt es bei solchen Leuten einen Mangel an Empathie und fühlen sie sich berechtigt, alles zu sagen. Hinzu kommt, dass solche Leute sehr neidisch sind.
- Bösartige (malignant): Die Eigenschaften dieser Leute ähneln denen der Grandiosen, aber noch dazu sind sie bösartig. Diese Leute sind richtige Übeltäter. Dabei sind sie ein bisschen wie Psychopathen, da sie sich dabei nicht schlecht fühlen. Solche Leute stehlen z. B. von Firmen oder gehen ihrem Lebenspartner fremd. Solche Leute lügen und sind großartige Kriminelle. Solche Leute fühlen sich nicht schlecht dabei, andere Leute zu verletzen.
- Heimliche (covert): Diese Leute sind heimliche Narzissten. Sie denken immer, sie hätten schlechte Karten von der Welt bekommen. Sie denken, dass sie zu kurz gekommen sind oder dass die Welt ihre Großartigkeit nicht kapiert. Diese Leute sind sehr passiv-aggressiv. Wenn solche Leute beispielsweise eine Aufgabe schlecht erledigen, geben sie immer der Welt draußen die Schuld dafür.
- Kommunale: Durch Wohltätigkeitsaktionen retten solche Leute die Welt und bestehen darauf, die Anerkennung dafür zu kriegen. Nebenbei haben sie keinerlei Empathie für die

Begünstigten. Zudem existiert auch eine gewisse ‚grandiose‘ Einstellung, z. B. stehen sie über solchen Sachen, und wollen lediglich die Anerkennung und das Lob für ihre gute Tat.

Allgemein betrachtet zeigen die Narzissten einen Mangel an Empathie, haben das Gefühl, berechtigt zu sein, sind grandios sowie arrogant. Auch sind sie unfähig, mit Enttäuschungen umzugehen, was sich oftmals als Wut manifestiert. Sie sind chronisch validierungssuchende Menschen, immer neidisch auf andere Leute. Der Neid führt zu einem unermüdlichen Streben nach Status.

Aber grundsätzlich liegt vor allem tief im Inneren (und das gilt für alle Narzissten) das Gefühl der Unsicherheit: Um eine Analogie zu benutzen, ähnlich wie jemand, der mit einem gebrochenen Arm einen Gips als Schutzmittel trägt, genauso polstern sich die Narzissten ständig mit Reichtum sowie Unterstützung aus, um ihre eigene Unsicherheit verstecken.

Zum Vergleich: Ein heimlicher Narzisst fragt sich andauernd, warum die Welt seine Großartigkeit nicht erkennt, während der grandiose Narzisst innerlich andauernd schreit: „Schaut mal, wie großartig ich bin!“.

Kommunale, ehrwürdige Narzissten helfen durch Wohltätigkeitsaktionen in der Öffentlichkeit, stets auf der Suche nach einer Validierung für ihre guten Taten. Privat aber behandeln diese Leute Ehepartner oder Untergebene schlecht.

Der Narzisst glaubt nie, einen Fehler gemacht zu haben. Er ist völlig in der Lage zu lügen, die Wahrheit zu manipulieren und das Opfer schuldig zu machen, um seine Macht über andere aufrechtzuerhalten. In seiner Geschichte oder ihrer Erzählung der Ereignisse kriegt man niemals die Wahrheit zu hören, sondern nur eine Version, die sie entweder als Held oder als Opfer darstellt, aber niemals als Bösewicht.

Narzissten triangulieren alles. Das heißt, mit Narzissten existieren ein wiederholendes dreieckige Muster: Sie setzen Gerüchte in die Welt, die von Narren weiterverbreitet und letztendlich von Idioten vollkommen akzeptiert werden.

Des Weiteren ernähren sich Narzissten von der Energie von anderen und deswegen versuchen sie die ganze Zeit, andere zu triggern, um deren Energie zu kriegen. Narzissten lieben die Intensität und das Drama, das emotionale Chaos, und sie ernähren sich von der Furcht, dem Schmerz, der Angst, der Verwirrung und der Unbehaglichkeit von anderen. Kurz und gut, sie sind wie Parasiten.

Zudem fühlen sich Narzissten berechtigt, alles zu tun und zu sagen, was sie wollen, und testen ständig die Grenzen. Meistens ist man nur Kollateralschaden innerhalb eines Kriegs, den ein Narzisst mit sich selbst hat. Man steht einem Narzissten nur zur falschen Zeit im Weg.

Narzissten denken tatsächlich, andere Leute würden im Lauf der Zeit alles vergessen, was sie so treiben. Narzissten versuchen immer wieder, die Geschichte neu zu schreiben, um der Verantwortlichkeit zu entkommen. Aber es gibt keine Verjährungsfrist für ihren Mangel an Respekt.

Des Weiteren zeigen Narzissten keinen Respekt für die Privatsphäre anderer Leute. Würden sie nicht gebremst, täten sie alles Mögliche!

Die Narzissten in der Nachbarschaft

Psychologisch betrachtet zeigte sich bei manchen Bewohnern in der Nachbarschaft, einschließlich der Leitwölfe, deutlich eine narzisstische Persönlichkeitsstörung, während es bei anderen um eine Borderline-Persönlichkeitsstörung ging. Aber manche von ihnen litten sicherlich an beiden.

Grundsätzlich sind Narzissten sehr neidisch, und in ihrer Welt erwarten sie erstaunlicherweise, dass alle anderen genauso neidisch auf sie sind. Zudem glauben sie ständig, dass die Leute im Allgemeinen auch nicht echt sind, und versuchen ständig, ihnen eins auszuwischen. Bekanntlich ist der Neidfaktor sowieso in Deutschland sehr groß. Da Toby derzeit in einer Nachbarschaft mit einem Haufen von Narzissten lebte, schoss er den Vogel ab!

Genau solche narzisstischen Eigenschaften waren stets bei den Leitwölfen vorhanden. Toby erinnerte sich an die Zeit, als die Leitwölfin ein auffälliges rotes Auto zum Haus fuhr, und übertrieben langsam ausstieg, um die Blicke der Nachbarn auf sich zu ziehen. Zudem wollte sie unbedingt das Ereignis dem/r gegenüber wohnenden Hausmeister/in unter die Nase reiben. Es war wie inszeniert und auch ein bisschen jämmerlich.

Bei dem Verhalten der Leitwölfin in dieser Situation erinnerte sich Toby, vorher etwas Ähnliches gesehen zu haben, und zwar das Verhalten ihres Mannes: Kurz nach der Ankunft des manipulierenden alten Mannes aus Serbien ging er anscheinend eine enge Verbindung mit dem Leitwolf ein. Einmal ging Toby damals im Hof an den beiden vorbei, die an einem Tisch saßen.

Toby merkte einen Blick der Genugtuung im Gesicht des Leitwolfs, als er näherkam. Es schien so, als ob er (der Leitwolf) die ganze Szene inszeniert hätte, in der Hoffnung, Toby neidisch zu machen. Zudem hatte Toby den Eindruck, der Leitwolf versuchte, seine neue narzisstische Energiequelle zur Schau zu stellen.

„Schau mal, was ich jetzt habe! Etwa neidisch?", hätte er sagen können.

Toby lief damals einfach unbekümmert vorbei. Armselig, dachte er. Genauso fühlte er sich mit der Leitwölfin vor dem roten Auto.

Die Leitwölfe waren stets in Begleitung ihrer Mitläufer/innen. Ohne die Unterstützung ihrer Entourage waren sie nichts. Er fand es lächerlich, das alles anzuschauen und anzuhören, also blieb Toby lieber für sich allein, um jeglichen Kontakt mit den Betroffenen zu vermeiden.

Nach wie vor zeigte sich der Leitwolf beziehungsweise Narzisst nicht mehr in der Öffentlichkeit, wenigstens nicht bei Tageslicht. Zum Spaß wollte Toby mal zur Leitwölfin sagen: „Gute Besserung für Ihren Gatten. Es muss schwer für ihn sein mit seiner Angst vor dem Tageslicht!" (Natürlich ironisch gemeint).

Zum Glück erwähnte Toby diese Sache nie, sonst wäre nur noch mehr Ärger auf ihn zugekommen. Der Narzisst hasst es, in der Öffentlichkeit blamiert zu werden.

Entlarvt

Wie das Leben so spielt, kommt es zu einem Punkt, wo man den Narzissmus entdeckt und sich dementsprechend dagegen wehrt. Wiederum kommt für den Narzissten der Punkt, wo er sich entlarvt fühlt. So muss sich der Narzisst gefühlt haben, als er merkte, dass der ein Fahrrad schiebend an ihm vorbeigehende Toby einen außerordentlich riesigen Bogen um ihn machte. Zu diesem Zeitpunkt hatte Toby tatsächlich im Sinn, grundsätzlich so wenig wie möglich mit dem Leitwolf zu tun zu haben. Sicherlich erschien so eine Aktion merkwürdig und vielleicht machte es den Narzissten stutzig. Genauso wie die hinter den Fenstern versteckten Nachbarn, die die Szene aus sicherer Entfernung beobachteten.

Generell versuchte Toby derzeit, allen Kontakt mit den Leitwölfen sowie ihren Anhängern zu vermeiden. Darunter auch der alte Mann, mit dem er damals in der Öffentlichkeit vehement gestritten hatte. Somit war Tobys Schicksal leider besiegelt, da der alte Mann, ein Meistermanipulator, sämtliche hellhäutigen ausländischen Nachbarn/-innen im Viertel beeinflusste. Nach dem Streit ergriffen alle Partei gegen Toby, wechselten nie wieder ein vernünftiges Wort mit ihm.

Dementsprechend spielte der manipulierende alte Mann seine Opferrolle vom Feinsten. Während des Streits mit Toby konnte er sehr gut austeilen, aber nicht einstecken. Ein Narzisst fühlt sich berechtigt, einen wieder und wieder herabzusetzen oder verbal zu verletzen, spielt aber gleichzeitig die beleidigte Leberwurst, das übertriebene Opfer, wenn man kontert.

Mit Narzissten klarkommen

Toby merkte langsam die außerordentliche Präsenz von Narzissten sowie deren Unterstützern in seiner Nachbarschaft. Demzufolge lernte er einige Schritte, um mit dem Narzissmus umzugehen:

- Er nahm Vorwürfe von den Narzissten nicht persönlich.
- Er brauchte sich nicht gegen die Narzissten zu verteidigen, denn es gab nichts zu verteidigen.
- Er vermied weiterhin unnötige Kontakte mit den Narzissten.
- Er hielt unvermeidbare Gespräche mit den Narzissten kurz und knapp.
- Er zeigte dabei keinerlei Emotionen.

Der letzte Punkt war hart, da Toby grundsätzlich ein emotionaler Typ war. Er musste lernen, distanzierter im Umgang mit diesen Narzissten zu sein. Die Narzissten betrachteten jegliche Zurschaustellung von Emotionen als Schwäche, die schließlich gegen ihn als Waffe verwendet werden konnte.

Toby kam zu dem Schluss, dass es sich einfach nicht lohnte, mit solchen Leuten zu streiten. Damit spielte man ihnen nur in die Hände, da sie das Drama lieben. Zudem fand er es unmöglich, mit solchen Leuten zu streiten. Solche Leute betrachteten es immer als einen persönlichen Angriff, wenn sie mit der Realität konfrontiert wurden.

Langsam kapierte Toby auch, dass Narzissten ständig eine Zielscheibe brauchten, um zu überleben: Jemanden, den sie quälen konnten, um dadurch Energie zu tanken und Spaß zu haben. Narzissten brauchen ständig einen Energieschub. Narzissten langweilen sich dabei, allein von ihren treuen Mitläufern Zufuhr zu bekommen. Im Laufe der Zeit verliert dies den ‚Kick'. Jedoch die frische Energie eines Empathikers wie Toby wäre für die Narzissten eine größere Herausforderung.

Es war Toby bekannt, dass er die auserwählte Zielscheibe der Narzissten war. Die Leitwölfe betrachteten jedes Gespräch mit

Toby als einen Konkurrenzkampf, den sie auf gar keinen Fall vor den Augen ihrer Mitläufer verlieren durften! Aber wenn man sich groß und mächtig fühlt, indem man nur ständig versucht, jemand anderen zu erniedrigen, dann ist man tatsächlich sehr klein und auch neidisch.

Futterneid

Rückblickend verstand Toby langsam die Szene von damals: Kurz nachdem er in die Wohnung eingezogen war, begegnete er zum ersten Mal der Leitwölfin. Als er an ihr vorbeiging, nickte er ihr aus reiner allgemeiner Höflichkeit zu. Sie blickte ihn grinsend an, ähnlich wie jemand, der über einem saftigen Beefsteak sabbert! Damals begriff Toby ihren Blick nicht. Jetzt schon: Sie brauchte lediglich seine Energie!

Dies erklärte auch, warum die Leitwölfin stets (einmal sogar vor seinen Augen) den Kontakt zwischen manchen schwächeren Frauen in der Nachbarschaft und Toby verbot (richtig, verbot!). Es ging um seine Energie. Die Leitwölfin verbot den Frauen den Kontakt mit Toby, um seine Energie bei Gelegenheit für sich allein aufzusaugen: die krankhaften Gedanken eines emotionalen Vampires!

Es entwickelte sich zu einem Muster: Eine Frau unterhält sich in die Öffentlichkeit mit Toby, wird dabei erwischt, und danach verschwindet sie entweder mysteriös von der Bildfläche oder macht einen Riesenbogen um ihn (Toby). Alles reine Manipulation, um Toby in Richtung der Leitwölfin zu zwingen. Toby fand es einfach irritierend, denn er mochte sie nicht im Geringsten.

Kein Wunder, dass Toby es auch schwer fand, den Kontakt mit Frauen außerhalb der Nachbarschaft aufrechtzuhalten. Die durchschnittliche Frau haute schnell ab, sobald sie hörte, wie alles in seiner Nachbarschaft so ablief! Er nahm es ihnen nicht übel.

Abgekartetes Spiel

So zu leben schien Toby (wie sicherlich jedem anderen gesunden Menschen auch) ziemlich krank. Es steckte viel Methode dahinter: Die Narzissten mussten Toby zuerst einfach mit etwas Kleinem oder Banalem ködern. Ein Hauch von Streitigkeit genügte, um diesen Narzissten anschließend einen Energieschub zu verschaffen. Mit dieser neuen Erkenntnis blickte Toby plötzlich zurück auf seine endlosen Streitereien allein mit den hellhäutigen ausländischen Nachbarn. Er hätte bis zur Dunkelheit draußen stehen können, um ununterbrochen mit diesen Leuten zu zanken! Und sicherlich hätten die Narzissten ihren Spaß dabei gehabt, allmählich die Energie aus Toby herauszusaugen.

Diese toxischen Nachbarn versuchten kontinuierlich und in aller Öffentlichkeit, Toby systematisch die Kraft zu entziehen, während alle anderen einfach dabeistanden und zuschauten. Während des Streits interessierten sich diese toxischen Nachbarn überhaupt nicht für Tobys Meinung. Sie wollten ihn einfach immer weiter provozieren, um letztendlich seinen Willen zu brechen. Auf jeden Fall war es für Toby anstrengend, ein normales Gespräch mit diesen Leuten anzufangen, das meistens zu Zoff eskalierte.

Narzissten sind unfähig, ihre Emotionen zu regulieren oder zu kontrollieren. Entweder explodieren Narzissten vor Wut oder sie halten alles zurück. In beiden Fällen wird es für das Opfer schmerzhaft. Die Narzissten benützten die schon früher erwähnte Bestrafung durch Schweigen gegenüber Toby, ihrem Opfer, als eine Quelle der Macht.

Ein weiteres Zeichen dafür, dass Narzissten emotional unreif sind, sind fehlende zwischenmenschliche Kompetenzen. Genau wie ein kleines Kind, das den Atem anhält, bis es seinen Willen durchsetzen kann. Nach dem Motto „Ich kriege nicht, was ich will, daher halte ich die Luft an, bis ich es doch kriege". Alles nur ein Wutausbruch. Erwachsene Narzissten reagieren auf genau die gleiche Weise, indem sie einen durch Schweigen bestrafen. Damit versuchen Narzissten, ihre Opfer zu etwas zu zwingen, z. B. zu einer Entschuldigung, oder sie wollen sie vertreiben oder sie dazu bringen, irgendwie nachzugeben. Alles in allem sollen sie sozusagen das Handtuch werfen.

Mir reicht's!

Letztendlich kam Toby zu dem Schluss, das beste Mittel, mit den Narzissten und Manipulatoren umzugehen, wäre, sich endgültig vom Spielfeld zu entfernen. Der einzige Weg, dachte er, gegen die Narzissten zu gewinnen, besteht darin, nicht zu spielen. Schließlich konnte er sich nicht immer beklagen, dass sie ihm stets die Energie absaugen, wenn er ihnen dauernd den Strohhalm dazu gab.

Daher zog er sich komplett zurück, vermied einfach jeglichen Kontakt zu dem Narzissten und dessen Mitläufern. Er entschied sich, sich von Zoff fernzuhalten, mit dem Gedanken, dass die reine Seele am Ende immer gewinnt. Toby entschied sich, seine kostbare Energie nie mehr auf die emotionalen Vampire zu verschwenden. Das Leben ist sowieso zu kurz, um es mit Menschen zu verbringen, die absichtlich versuchen, das Glück aus dir herauszusaugen. Er entzog ihnen einfach das Privileg, weiter mit ihm reden zu dürfen, und ließ die emotionalen Vampire lieber verhungern! Zudem sagte eine innere Stimme Toby: „Es lohnt sich überhaupt nicht, sich an diesen Leuten rächen zu wollen, denn in der Regel fallen verdorbene Früchte von selbst vom Baum."

Neue Strategie

Sicherlich merkten viele Nachbarn die Änderung in Tobys Verhalten ihnen gegenüber. Zeitgleich dachten diese Nachbarn weniger an ihr schlechtes Benehmen, das ihn dazu gebracht hatte. Im Prinzip versuchen Narzissten immer wieder, die Geschichte neu zu schreiben, um der Verantwortlichkeit zu entkommen. Man kann behaupten, dass Narzissten nicht fähig sind, kritisch zu denken.

Toby wurde kälter, weniger zugänglich seinen hellhäutigen ausländischen Nachbarn gegenüber. Vor allem merkten die Leitwölfe und der manipulierende alte Mann das neue Verhalten von Toby. Es entwickelte sich zu einem Muster: Immer, wenn Toby von der Arbeit nach Hause zurückkehrte, lungerten überall im Viertel die Narzissten und ihre Mitläufer herum. Sobald die ständig am Fenster im 3. Stock auf Ausschau sitzende Leitwölfin Tobys Ankunft aus der Ferne merkte, alarmierte sie die anderen im Viertel. Wenn Toby endlich im Viertel ankam, wurde plötzlich das Gespräch außergewöhnlich laut.

Offensichtlich, um Toby zu provozieren und ihn dazu herauszufordern, um Ruhe zu bitten. Gleichzeitig aber kam es Toby in den Sinn, die ganze Szene wäre inszeniert, um einen Streit anzuzetteln. Toby beschloss, einfach schweigend vorbeizulaufen, mit dem Gedanken, von mir kriegt euer Narzissmus keine Nahrung mehr.

Insbesondere brauchen Narzissten eine Zielscheibe. Aber wenn man sich ruhig verhält, kann der Blödsinn der Narzissten nirgendwo landen. Wenn Toby einfach keine Emotion zeigte, lieferte er keine Energie. Daher kriegten die Narzissten keine narzisstische Nahrung. Das bedeutete, sie bekamen auch keinen Energieschub.

Zudem konnten sich die Narzissten nicht von den negativen Gefühlen befreien, die sie ständig mit sich trugen, nämlich ihrem tief-begrabenen oberflächlichen selbst, ihren Schuldgefühlen, ihrem Schamgefühl sowie ihrem Selbsthass und ihrer Unsicherheit.

Die hellhäutigen ausländischen Nachbarn merkten eine Änderung in Tobys Verhalten, nur weil er aufhörte, so zu reagieren, wie sie es wünschten. Nach der Erkenntnis, keine Wirkung mehr auf das Zielobjekt (Toby) zu haben, strengten sie sich als alternativ an, seine Wahrnehmung zu manipulieren und ihn durch Rufmord zu zerstören. Demzufolge mobilisierten die Narzissten nach und nach alle ihre Anhänger, Mitläufer, Unterstützer, jeden, der ihnen zuhörte, damit diese Toby noch mehr ausgrenzten und verspotteten. Mit noch mehr Lästereien und mehr über ihn verbreitete Lügen zeigten die Leitwölfe, zu welchem verzweifelten Niveau sie sinken konnten, um Toby zu mobben.

Der Konsequenzen seines neuen Handelns war Toby sich bewusst. Nichtsdestotrotz war diese Unannehmlichkeit aus Tobys Sicht ein geringer Preis dafür, endlich mal wieder seine innere Ruhe finden. Toby entschied sich endlich, lieber seine Ruhe zu bewahren, als andauernd seinen Standpunkt zu beweisen.

Die Narzissten wurden bissig, feindlich nach diesem neuen Schritt. Sie wollten ihn auf jeden Fall provozieren. Andauernd heckten sie einen neuen Plan aus, um Toby aus der Reserve zu locken. Die Narzissten wollten Rache an Toby üben. Nach dem Motto: Wie kannst du es wagen, einfach selbst zu entscheiden, dieses Spielchen nicht mehr mitspielen zu wollen? Mit dir sind wir noch lange nicht fertig!

Da sie keine Nahrung mehr von ihm bekamen, fand es Toby interessant, zwischendurch von seinem Fenster aus zu beobachten, wie die Narzissten versuchten, als alternative Streitigkeiten mit anderen anzuzetteln: Sowohl der Hausmeister als auch seine Frau waren die neuen, von den Narzissten gewählten Zielscheiben. Allein die zwei (und auch Toby) waren für die Narzissten würdige Gegner. Klar, wenn die Narzissten keinen Energieschub mehr von Toby bekamen, musste jemand anders darunter leiden. Aber Toby fand es erfrischend, zur Abwechslung die Streitereien mit den einheimischen Narzissten nebenbei zu beobachten und nicht mittendrin zu stehen.

Die müssen sich sehr freuen, dass ich jetzt hier wohne, dachte Toby über den Hausmeister und seine Frau. Endlich mal jemand anders, um diese narzisstischen Streithähne abzulenken.

Aber in diesem Fall hatten die Narzissten stets keine Chance, da die Hausverwaltung bekanntlich dem Hausmeister und seiner Frau Rückendeckung gab.

Rufmord

Die Narzissten triangulierten so viel wie möglich: Kontinuierlich setzten sie Gerüchte über Toby in die Welt, die von einem Haufen Narren (ihren Mitläufer) verbreitet und in der Folge letztendlich von Idioten ohne Einwand vollkommen akzeptiert wurden. In anderen Worten, die Narzissten rührten den Topf um, dann lehnten sie sich zurück, um zuzusehen, wie alles explodierte.

Klar mochten die Narzissten Toby nicht, wollten aber alles über ihn wissen. Regelmäßig kriegten sie von ihren Mitläufern Berichterstattung über Toby. Ständig gaukelten die Narzissten ihren Anhängern etwas Negatives über Toby vor. Die Narzissten beherrschen die Überzeugungskunst. Mit den Lügen, die sie verbreiteten, erzählten sie die ganze Zeit nur die Seite der Geschichte, die sie als Opfer erscheinen ließ und Toby wiederum als Täter!

Demzufolge fielen viele hellhäutige ausländische Nachbarn/innen in der Umgebung ein Urteil über Toby, ohne ein einziges Wort mit ihm geredet zu haben. Keiner klopfte an Tobys Tür, um seinen Standpunkt zu hören oder ihn wenigstens besser kennenzulernen. Toby wurde in seiner Kleinstadt berühmt allein wegen der Leute, die ihn hassten!

Gelegentlich kreisten einige Narzissten um seine Wohnung herum, darunter auch der manipulierende alte Mann, um in ihrer Muttersprache über ihn zu lästern. Allein das war eine Grenzüberschreitung, frech und äußerst respektlos dazu. Trotzig gewöhnte sich Toby daran, seine Musik zu diesen Zeiten noch lauter zu spielen, um ihre Stimmen zu übertönen. So etwas musste er sich nicht auch noch anhören.

Obwohl er im Leben mehrmals umgezogen war, schämte er sich zum ersten Mal für manche seiner Nachbarn. Fremdschämen gibt's doch!

Schade, dass es dazu kam. Deutlich wurde ein Tiefpunkt erreicht. Je mehr diese Nachbarn versuchten, eine Reaktion von Toby zu erzwingen, umso ruhiger und unbekümmerter blieb Toby. Regelmäßig sogar baten der alte Manipulator aus Serbien und seine Ehefrau darum, indem sie immer mit außerordentlich lauter Stimme redeten, wenn sie an Tobys Fenster vorbeiliefen. Aber Toby kapierte das Spiel. Alles nur Provokation. Alles geschah offensichtlich, um Tobys Ruhe in seiner Wohnung stören und eine Reaktion aus ihm herauszukitzeln. Manchmal dachte er, im falschen Film zu sein. Kindergarten halt.

Aus dem Mund eines Kindes

Später zeigt sich die Hinterhältigkeit und Boshaftigkeit dieser narzisstischen Nachbarn: Wie durch eine Fügung des Schicksals war Toby während eines riesigen Schneesturms schon wieder an der Reihe, Kehrdienst zu machen. Schneeschaufeln war wieder angesagt. Währenddessen spielte ganz zufällig eine junge, hellhäutige ausländische Nachbarin mit ihrem Kind harmlos auf der Weide im Schnee. Plötzlich kehrte ihr Ehemann, einer der Mitläufer des Leitwolfs, nach Hause zurück. Aus der Entfernung sah er sowohl seine Frau als auch sein Kind, die sich zufällig in der Nähe von Toby im Schnee amüsierten.

Diese Szene gefiel dem Ehemann ganz und gar nicht. Plötzlich schrie er einige Fremdwörter zu seiner Frau und dem Kind rüber, wahrscheinlich auf Deutsch übersetzt: „He, ihr beiden! Was soll das? Runter vom Platz, und zwar sofort!". Toby, der danebenstand, hatte momentan Mitleid mit dem Kind. Damals befand sich ganz Deutschland auf Grund der Coronavirus-Pandemie mitten im Lockdown. Die Kinder litten am meisten darunter. Ein bisschen Entlastung für sowohl Mutter als auch Kind hätte den beiden gutgetan. Sichtlich genervt kehrten die beiden den Anweisungen entsprechend wieder nach Hause zurück.

Sicherlich würde der Narzisst ihnen die Hölle heißmachen nach ihrer Rückkehr. Gleichzeitig war die Hausmeisterin draußen auf ihrem Balkon, hatte die ganze Szene auch im Blick. Vielleicht dachte sie genauso wie Toby: Dieser Mitläufer hatte Angst, dass sein Kind nochmal aus Versehen irgendwelche von seinen privaten Gedanken in Tobys Nähe ausplappern könnte. Es brachte Toby auf den Gedanken, worüber wurde eigentlich im Privaten, hinter verschlossenen Türen auch noch über ihn gesprochen?

Was interessant war: Nur die in der Minderheit hier lebenden deutschen Nachbarn waren daran nicht beteiligt. Mit denen kam Toby immer gut klar.

Allein dem Hausmeister und seiner Frau konnte Toby volles Vertrauen schenken. Nur sie hatten den wahren Grund für die Änderung in Tobys Verhalten auf dem Hof wahrgenommen. Nur sie merkten den Grund hinter seiner plötzlichen Entfernung und Trauer. Sie wussten ganz genau, was dahintersteckte.

Ständig suchten der Hausmeister und seine Frau auf subtile Art Möglichkeiten, um Tobys Ruhe in seiner Wohnung zu sichern. Dementsprechend weihten sie heimlich auch die anderen einheimischen Deutschen ein.

In diesem Sinn hatte der Streit von damals mit dem alten Mann aus Serbien, der ursprüngliche Auslöser, unabsichtlich geholfen. Mit ihm hatte der Hausmeister auch darüber ein Hühnchen zu rupfen!

Welches Druckmittel?

Eigentlich wusste Toby überhaupt nicht, womit die Narzissten die hellhäutigen ausländischen Nachbarn unter Druck setzten oder woher die unzerstörbare Loyalität gegenüber den Narzissten kam. Toby wusste nur, die steckten alle unter einer Decke.

So war es mit diesen Narzissten und ihren Mitläufern, die in ihrer eigenen kleinen Welt existierten, weit entfernt von der Realität. Aus Tobys Sicht waren diese Mitläufer genauso schuldig

wie die Narzissten selbst, da sie jahrelang genau von den Eska-
paden und dem schlechten Benehmen der Narzissten wussten,
aber ohne Einwand alles zuließen.

Harte Tatsachen

Toby musste schmerzlich lernen, mit einem Haufen von Narzissten umzugehen. Im Gegensatz zu Menschen mit einem gesunden
Menschenverstand muss man bei ihnen eine andere Strategie
anwenden, eine andere Werkzeugkiste sozusagen. Schließlich
nimmt man auch keinen Tennisschläger zum Baseballspielen!
Es lohnt sich einfach nicht, in einen Streit mit solchen toxischen Menschen einzusteigen. Damit spielt man nur in die Hände der Narzissten, die sich darüber freuen, bloß eine Reaktion
vom Gegner zu kriegen, und ihn weiter provozieren.
Während des nachfolgenden Streits bekamen die Narzissten
einen Energieschub. Es interessierte einen Narzissten überhaupt nicht, dass er vielleicht bei einem Streit im Unrecht war.
Der Narzisst will seinen Gegner einfach in den Wahnsinn treiben bei dem Versuch, dem Narzissten zu beweisen, dass er im
Unrecht ist!
Der Narzisst besitzt keine Empathie, fühlt sich stets berechtigt, alles zu sagen und zu tun, und testet andauernd die Grenzen. Er ist arrogant, und unfähig mit Enttäuschung umzugehen,
was sich meistens als Wut manifestiert.
Jemand mit einem gesunden Menschensverstand ist völlig
in der Lage schließlich zuzugeben, dass er während eines Streits
vielleicht unrecht hatte, oder sich endlich zu entschuldigen. Der
Narzisst hingegen gibt so etwas nie zu. Das gehört einfach nicht
in sein Vokabular. Zudem sind Narzissten äußerst neidisch. Jedoch sind Narzissten – ohne Ausnahme – grundsätzlich geprägt
von einem tiefen Gefühl der Unsicherheit.

Empathiker in der Nachbarschaft

An dieser Stelle sollte erwähnt werden, dass es in dieser Nachbarschaft zahlreiche Einwohner mit empathischen Tendenzen gab, die sich der narzisstischen Tendenzen ihrer Ehepartner durchaus bewusst waren, ihr Benehmen und ihren Standpunkt jedoch ohne Einwand akzeptierten. Vermutlich war das einfacher, als gegen den Strom zu schwimmen. Sie waren Mitläufer, ließen sich einfach von ihren narzisstischen Ehepartnern manipulieren oder kontrollieren. Sie hielten an der Beziehung zu den Narzissten fest, trotz ihrer schädlichen Wirkung, auf Grund ihrer niedrigen Selbstachtung oder aus Furcht vor der Einsamkeit.

Nach dem englischsprachigen Motto „happy wife, happy life". Sie waren stets auf der Suche nach Validierung und Anerkennung durch ihre Gatten, verteidigten die Narzissten sogar, wenn sie eindeutig im Unrecht waren.

Sicher war auch Toby ein Empathiker, aber ihn konnte man als „Super-Empathiker" betrachten. Er war kein Mitläufer oder auf irgendjemanden angewiesen. Er war wie ein spiritueller Krieger, der stets seiner Überzeugung treu bleibt. Es bedeutete alles für ihn, ständig im Einklang mit seiner persönlichen Integrität und Seelenmission zu bleiben. Allein deswegen zog er die Narzissten an und hatte gleichermaßen Angst vor ihnen. Allein in der Gegenwart eines Super-Empathikers zu sein genügte, um den Narzissten zu destabilisieren und zu triggern.

Ein Super-Empathiker lässt sich nicht so einfach kontrollieren oder manipulieren, durchschaut die zahlreichen Tricks der Narzissten und wehrt sich mit Leichtigkeit dagegen.

Darüber hinaus besitzt der Super-Empathiker eine natürliche innere Stärke und hat eine solide Verbindung zu seiner Kernidentität. Die Wahrheit kann man vor einem Super-Empathiker wie Toby nicht verstecken, er strebt immer danach, die Wahrheit herauszufinden. Seine Selbstachtung ist intakt und er weiß, wer er ist.

Aus seinen eigenen Fehlern lernt ein Super-Empathiker wie Toby. Er nimmt die radikale Verantwortung für sein eigenes Leben an.

Das ist deutlich anders als bei manch anderen empathischen Mitläufern unter den Einwohnern seiner Nachbarschaft, die stets die Augen vor der Wahrheit verschließen. Sie bevorzugen den bequemen Komfort der Realitätsverweigerung und Machtlosigkeit und lehnen damit die Verantwortung für ihr eigenes Leben völlig ab. Im Grunde genommen verkaufen sie ihre Seelen an die Narzissten.

Das Problem lag ursprünglich daran, dass Toby versuchte, ständig das Gute in allen Menschen sehen, das im Fall der Leitwölfe gar nicht existierte. Gleichzeitig versuchten die Leitwölfe ständig, Toby zu testen, benutzten ihre Mitläufer, wie der manipulierende alte Mann aus Serbien, um Toby zu kontrollieren oder zu dominieren. Unterm Strich strengten sie sich kollektiv an, Tobys Willen allmählich zu brechen! Die Narzissten betrachteten Toby als eine erstklassige Eroberung, mit einem endlosen Vorrat an Nahrung für ihren Narzissmus. Aber dafür war Toby zu stark, behauptete sich immer gegen ihr toxisches Benehmen. Ihr Spiel kapierte Toby auf jeden Fall.

Klartext

Man muss vollkommen blind sein, wenn man nicht auch einen Hauch von Rassismus gegenüber Toby vermutet. Aus der Sicht eines Unbeteiligten sah alles aus wie ein Haufen von gleichfarbigen, hellhäutigen Ausländern, die bedingungslos zusammenstehen, um den einzigen Schwarzen in der Nachbarschaft zu mobben, oder?

Sicherlich fragt man sich anschließend, wenn die Lage so dermaßen heftig gegen Toby war, warum meldete er nicht einfach alles den Behörden. Schließlich wohnten der Hausmeister und seine Frau gleich gegenüber. Hätte Toby das jedoch getan, hätten die Leitwölfe schleunigst Wind davon bekommen (schließlich waren die Augen und Ohren ihrer Unterstützer und Mitläufer überall) und entweder ihre Spuren verwischt oder einfach alles dementiert. Es hätte sicherlich nicht lange gedauert, bis Toby als Petzer entlarvt worden wäre.

Dann wäre für Toby alles noch schlimmer gewesen, schließlich musste er weiter dort wohnen.

Fakt ist, je mehr er versucht hätte, die Ereignisse zu kontrollieren oder zu manipulieren, umso schlimmer für ihn wäre das Endergebnis gewesen. Er musste einfach geduldig sein und alles in die Hände Gottes geben.

Bald danach gewöhnte sich der Hausmeister daran, kräftig gebaute Besucher zu sich nach Hause einzuladen, um gemeinsam auf seinem Balkon alles beobachten zu können. Anscheinend wurden die Besucher doch als neutrale Beobachter vom Hausmeister engagiert, um sich ein eigenes Bild des Geschehens zu machen. Damit, dass er diese monatelange Ermittlung auf die Beine stellte, erwies sich der Hausmeister als sehr schlau und fair zugleich.

Schlusswort?

Zusammengefasst lernte Toby, dass es sich nicht lohnte, sich gegenüber Narzissten zu verteidigen, da es meistens nichts zu verteidigen gibt. Wo nichts getan wurde, gab es nichts zu verteidigen. Zudem schützte er lieber in erster Linie seinen Frieden, anstatt sich in unlösbare Diskussionen mit Narzissten verwickeln zu lassen. Hinzu kam, dass er es grundsätzlich vermied, den Narzissten gegenüber in Erklärungsnot zu sein. Das wäre sinnlos wegen ihres Mangels an Empathie. Zudem gewöhnte sich Toby daran, alle Vorwürfe der Narzissten nicht persönlich zu nehmen. Langsam kapierte er, dass das Problem nicht bei ihm lag, sondern einzig und allein bei den Narzissten. Bei ihm war alles völlig in Ordnung. Er hatte einfach keine Lust mehr, seine kostbare Energie mit emotionalen Vampiren zu verschwenden.

Einige Monate später war von den Leitwölfen weder etwas zu sehen noch zu hören. Sie waren mittlerweile auf Veranlassung des Hausmeisters von der Hausverwaltung entfernt worden, endgültig rausgeschmissen, um erneut Ruhe in der Nachbarschaft zu gewährleisten. Sogar der aus Serbien stammende manipulierende alte Mann und seine Frau wurden mittlerweile aus der Nachbarschaft entfernt. Die gesamte Aktion fand rasch und lautlos statt. Die Hausverwaltung merkte, wo das Kernproblem tatsächlich lag. Somit wurden die wahren Störfaktoren rausgeschmissen. Damit setzte die Hausverwaltung ein Zeichen, keine Geduld mit Rassisten zu haben.

Ende gut, alles gut.

Toby hatte den Eindruck, die Hausverwaltung machte auch mit dem manipulierenden alten Mann kurzen Prozess und entschied sich, ihn endlich rauszuschmeißen. Schließlich waren er und seine Frau schon lange nirgendwo mehr im Dorf zu sehen. Toby atmete kurzfristig auf. Endlich Frieden.

Der Schein trügt

Fehlanzeige! Das Ehepaar war nur im Urlaub. Nach einigen Monaten kehrten die beiden nach Hause zurück. Noch dazu waren leider auch die Leitwölfe noch da. Womöglich kehrten sie auch gleichzeitig von einem langen Urlaub zurück.

Toby konnte es nicht fassen, als er den manipulierenden alten Mann wieder aus seinem Fenster beim Kehrdienst erblickte. Aber zuletzt im positiven Sinn, mit dieser gesamten Rückkehr fielen anscheinend alle Masken. Hitzige öffentliche Gespräche zwischen dem Hausmeister und den hellhäutigen ausländischen Nachbarn häuften sich. Von seinem Fenster gegenüber schaute Toby allem zu. Wegen ihrer außergewöhnlichen Handbewegungen sowie ihrer Gestik und Lautstärke in seine Richtung merkte Toby auch, dass er stets im Mittelpunkt des Gesprächs stand.

Gleichzeitig merkte Toby auch den fassungslosen Blick des Hausmeisters während des Gesprächs. Deutlich war er überrascht von der Skala des Hasses gegenüber Toby. Wie Toby schon längst erhofft hatte, fielen endlich vor den Augen des Hausmeisters unabsichtlich die Masken der Bewohner. Sein fassungsloser Blick dabei sprach Bände.

Danach ging alles sehr schnell. Hut ab vor dem Hausmeister, der hatte sowieso bis dahin die Behörden auf Schnellwahl! Bald war der Hausmeister öfters auf dem Balkon zwischen wechselnden kräftig gebauten Deutschen zu sehen, die offensichtlich dort stationiert waren, um dem Hausmeister Rückendeckung geben, während er Anweisungen an die Bewohner herunterschrie. Ein neuer Wind war plötzlich in der Nachbarschaft eingekehrt: Die Kinder konnten nicht mehr ohne Begleitung eines Elternteils laut und hemmungslos vor Tobys Fenster spielen. Die Lage wurde danach erheblich angespannter.

Alles lief außergewöhnlich ruhig im Dorf. Keiner der beiden Leitwölfe war mehr in der Öffentlichkeit zu sehen. Nach Hause verjagt. Die Behörde ging rasch und kompromisslos gegen die einheimischen Rassisten vor.

Während dieses Theaters wechselten die Mitbewohner weiterhin kein einziges Wort mit Toby. Einmal wurde der Leitwolf vom auf seinem Balkon rauchenden Hausmeister sogar beim Lästern über Toby erwischt. Dumm gelaufen.

„Hör auf damit!", schrie der Hausmeister zum Leitwolf runter. „Ich weiß genau, was du tust."

Erschrocken zog sich der Leitwolf zurück. Es hatte ihn sichtlich aus der Fassung gebracht, entlarvt zu sein. Schließlich war der Hausmeister plötzlich Zeuge der hinterhältigen Tätigkeiten des Leitwolfs gewesen. Auch Toby beobachtete diese Szene. Von diesem Moment an fühlte sich Toby erleichtert, endlich mal einen Schlussstrich unter alles ziehen zu können. Endlich Frieden.

Es gibt einen Spruch im amerikanischen Englischen, der lautet „a day late and a dollar short". Übersetzt heißt das „einen Tag zu spät und einen Dollar zu wenig". Dieser Spruch kam Toby in den Sinn, als er das Vorgehen der Behörden gegen die Narzissten beobachtete. Den Behörden waren diese Narzissten sicherlich seit mehreren Jahren ein Dorn im Auge. Die Behörden wussten schon längst von dem Einfluss dieser Narzissten auf die Nachbarschaft insgesamt, fühlten sich aber anscheinend machtlos, etwas dagegen zu tun. Seit Jahren hatten die Narzissten leichtes Spiel und trieben es oft so weit, dass die Behörden immer öfter aufmerksam darauf wurden.

Ständig kamen die mit ihren hinterhältigen Tätigkeiten durch oder kriegten dafür höchstens eine mündliche Ermahnung als Bestrafung, was ähnlich wirkte wie ein leichter Schlag auf die Hand. Somit konnten die Narzissten weiterhin ihr Unwesen treiben, aber danach mit dem Wissen, eine noch etwas heimlichere oder noch hinterhältigere Taktik anzuwenden. Schließlich sind Narzissten die Meistermanipulatoren.

Man könnte behaupten, die Behörden hätten die Narzissten einfach härter und konsequenter bestrafen müssen, und zwar so dermaßen streng, dass ein Präzedenzfall entstand. Vielleicht bringt lediglich entweder finanzielle Bestrafung oder Rufmord den meisten Schaden für Narzissten.

Aber letztendlich darf man auch die Wirkung von Tobys Ankunft auf die Nachbarschaft nicht vergessen. Seit Jahren hatten die Narzissten dort die Freiheit als herrschende Kraft genossen. Jedoch war es für die Narzissten wie der schlimmste Albtraum, Toby in der Nachbarschaft zu haben. Toby konnte nämlich die perfiden Spiele der Narzissten im Laufe der Zeit durchblicken und sich dagegen wehren. Hartnäckig war er auf jeden Fall!

Zur Verteidigung der Hausverwaltung kam hinzu, dass Toby langsam das Gefühl bekam, unter dem persönlichen Schutz des Hausmeisters zu stehen. Klar, in seiner Lage als Vertreter der Hausverwaltung kamen ihm die ganze Zeit die Geschichten über Toby zu Ohren. Anschließend tat der Hausmeister alles, was in seiner Macht stand, um eine Verbesserung des Zustands für Toby zu ermöglichen. Für die Hausverwaltung schien es das beste Mittel gegen die überwiegende Präsenz von Narzissten zu sein, ihren Freiraum zu begrenzen.

Für die Narzissten war es stets ein Rätsel, wie Toby trotz allerlei Hindernisse, die sie ihm in den Weg legten, wie Mobbing, Gaslighting und Bestrafung durch Schweigen, dennoch überlebte. Alles, was man angestellt hatte, um ihn zu brechen, machte ihn nur noch stärker. Er nutzte die Situation einfach zu seinem Vorteil, indem er seinen Frieden schützte.

Vielleicht wusste Toby immer von seiner Kraft, musste sie aber bis zu diesem Zeitpunkt nie wirklich unter Beweis stellen. Innerlich fühlte er sich ein bisschen geschmeichelt: Eine Armee von Narzissten und ihren Mitläufern war gegen ihn mobilisiert worden, aber trotzdem lebte er noch! Natürlich waren die Narzissten stinksauer darüber, dass alle ihre hinterhältigen Taktiken gar keine Wirkung auf Toby hatten. Es schien nicht so, als ob er darunter litt.

Nachtschwärmer

Zunächst gewöhnten sich die Narzissten daran, eine neue Strategie zu verwenden. Und zwar nachts, wenn es dunkel war, ständig im Rudel mit ihren Autos ins Viertel hineinzufahren. Laut und unbekümmert führten sie die Gespräche miteinander, während im Auto saßen. Auch damit trieben sie es zu weit. Einmal kam die Hausmeisterin (deren Fenster unmittelbar neben dem Rudel von Autos lag) heraus, um um Ruhe zu bitten. Nachdem sie einige Einwände geäußert hatten, kam das Rudel an diesem Abend endlich zur Ruhe, nur um am folgenden Abend wiederzukehren und für noch mehr Störung zu sorgen. Alles nur Manipulation. Damit zeigten die Narzissten schon wieder keinerlei Respekt gegenüber der Privatsphäre von anderen in der Nachbarschaft, testeten ständig die Grenzen. Toby, der aus sicherer Entfernung auf der anderen Straßenseite alles mitanhörte, schmunzelte nur mit dem Gedanken: Das war's wohl mit der Nachbarschaft.

Nach wie vor schützte Toby einfach lieber seinen Frieden. Im Nachhinein dachte Toby, gleich beim Einzug seiner Wohnung vor

7 Jahren wäre es besser gewesen, er hätte nicht nur den Mietvertrag bekommen, sondern auch eine Informationsbroschüre darüber, wie man am besten mit Narzissten umgehen sollte. Stirnrunzelnd dachte Toby, dass er damit viel Energie und Zeit hätte sparen können! Aber hätte er im Voraus gewusst, worauf er sich bei der Annahme seiner Wohnung einließ, dann hätte sein Einzug höchstwahrscheinlich nie und nimmer stattgefunden!

Zum Schluss konnte man die Wohnung als bittersüß betrachten. Zum Glück akzeptierten die Narzissten langsam, dass Toby eine harte Nuss war. Alles änderte sich doch zum Besten, wie Toby prophezeite.

Die Moral der Geschichte: Egal wie schön die Wohnung scheint, man kann sich seine Nachbarn trotzdem nicht aussuchen.

EIN HERZ FOR AUTOREN A HEART FOR AUTHORS À L'ÉCOUTE DES AUTEURS MIA ΚΑΡΔΙΑ ΓΙΑ ΣΥΓΓ
 HJÄRTA FÖR FÖRFATTARE UN CORAZÓN POR LOS AUTORES YAZARLARIMIZA GÖNÜL VERELIM SZ
CUORE PER AUTORI ET HJERTE FOR FORFATTERE EEN HART VOOR SCHRIJVERS TEMOS OS AUT
SZERZŐINKÉRT SERCE DLA AUTORÓW EIN HERZ FÜR AUTOREN A HEART FOR AUTHORS À L'ÉCO
CORAÇÃO BCEЙ ДУШОЙ К АВТОРАМ ETT HJÄRTA FÖR FÖRFATTARE Á LA ESCUCHA DE LOS AUTO
AUTEURS ΜΙΑ ΚΑΡΔΙΑ ΓΙΑ ΣΥΓΓΡΑΦΕΙΣ UN CUORE PER AUTORI ET HJERTE FOR FORFATTERE EEN
YAZARLARIMIZA GÖNÜL VERE SZERZŐINKÉRT SERCE DLA AUTORÓW EIN HERZ FÜ
MOS OS A CORAÇÃO BCEЙ ДУШОЙ К АВТОРАМ ETT HJÄRTA FÖ

Der Autor

Marcus Brown wurde 1962 in England geboren
und ist dort aufgewachsen.

Schon sehr früh entdeckte er seine Begabung für
Fremdsprachen. Sowohl Deutsch als auch Franzö-
sisch haben seine berufliche Laufbahn bis heute
stark geprägt. Er absolvierte einen internationalen
Studiengang „Moderne Sprachen", den er mit
einem Bakkalaureat abschloss.

Nachdem er in England überwiegend im Verkauf
tätig gewesen war, begann er in Deutschland
als Englischlehrer und als Lehrer für Deutsch als
Fremdsprache sowie als Übersetzer zu arbeiten.

Marcus Brown betrachtet sich selbst als „Über-
lebenden"! Trotz traumatischer Erlebnisse früh
im Leben kämpft er sich weiter durchs Leben. Zu
seinen Lieblingsbeschäftigungen gehört das Lesen
und ein Boxsack und ein Crosstrainer sorgen für
seine körperliche Fitness.

Der Verlag

*Wer aufhört
besser zu werden,
hat aufgehört
gut zu sein!*

Basierend auf diesem Motto ist es dem novum Verlag
ein Anliegen, neue Manuskripte aufzuspüren, zu ver-
öffentlichen und deren Autoren langfristig zu fördern.
Mittlerweile gilt der 1997 gegründete und mehrfach
prämierte Verlag als Spezialist für Neuautoren in
Deutschland, Österreich und der Schweiz.

**Für jedes neue Manuskript wird innerhalb we-
niger Wochen eine kostenfreie, unverbindliche
Lektorats-Prüfung erstellt.**

Weitere Informationen zum Verlag und
seinen Büchern finden Sie im Internet unter:

www.novumverlag.com

Marcus Brown

Ein Jamaikaner in Deutschland

ISBN 978-3-99131-164-5
38 Seiten

Ein Jamaikaner aus London in Deutschland?
Was auf den ersten Blick etwas kurios klingt, entwickelt sich
sehr schnell zu einer berührenden Geschichte über kulturelle
Unterschiede und Ausgrenzung.

Zeitfracht Medien GmbH
Ferdinand-Jühlke-Straße 7
99095 Erfurt, Deutschland
produktsicherheit@kolibri360.de